AF258168

LETTRES

SUR

LE CONGRÈS

D'AIX-LA-CHAPELLE.

DE L'IMPRIMERIÉ DE J.-L. CHANSON,

RUE DES GRANDS-AUGUSTINS, N° 10.

LETTRES

SUR

LE CONGRÈS

D'AIX-LA-CHAPELLE.

A PARIS,

CHEZ J.-L. CHANSON, IMPRIMEUR-LIBRAIRE,

RUE DES GRANDS-AUGUSTINS, Nº 10.

DELAUNAY, LIBRAIRE, AU PALAIS-ROYAL.

1818.

LETTRES

SUR

LE CONGRÈS

D'AIX-LA-CHAPELLE.

PREMIÈRE LETTRE.

Paris, ce 7 septembre 1818.

Éloigné de la capitale des arts et des illusions, de la gloire et des spectacles, des modes et des nouvelles; indifférent à toutes ces brillantes erreurs, mais toujours attentif aux vrais intérêts de la France, vous craignez, mon cher ami, de ne recevoir, par les journaux officiels, que des avis trompeurs ou de fausses impressions sur les événemens qui se préparent, et sur celui principalement qui intéresse l'indépendance de notre chère patrie ! D'anciennes relations que je me plais à cultiver, une liberté de pensée qui ne fléchit devant aucune considération, l'habitude de fixer mes souvenirs par des notes que je ne léguerai qu'à un historien de bonne foi, ces qualités, que je dois au hazard ou à l'expérience, vous ont fait présumer que je serais en mesure de recueillir, de juger et de vous transmettre des notions plus certaines sur l'époque présente, et sur les circonstances qui la signaleront ou qu'elle fera naître. C'est de mon amitié que vous attendez pour vous, ce que mon patriotisme m'eût fait entreprendre pour moi. Mais en donnant à ma correspondance sur ces matières, une sorte de gravité dont nos relations étaient exemptes, je prévois le cas d'une publicité dont je vous laisse tout le risque. J'écris à mon ami; ce sera donc à mon ami de répondre au public du hasard de ses confidences. Les événemens, les personnages et les livres, tout rentre dans le plan d'un travail que j'aborde avec la sécurité de mes bonnes intentions. Ce sera toujours comme Français, que je parlerai des affaires d'Europe. Dans les temps paisibles, et sur les questions d'art ou de littérature, il faut, pour être juste, se faire cosmopolite; mais le patriotisme est un devoir en matière politique, et dans des circonstances surtout où l'écrivain peut croire utile de plaider l'indépendance de sa patrie, mise en question, même alors qu'elle n'est plus mise en doute. Franchise et réserve, courage et prudence, voilà ma devise. Je commence par cette profession de foi, pour n'y plus revenir : qu'elle soit d'avance l'excuse de mes hardiesses, même de mes erreurs,

La réunion des Souverains qui doivent s'assembler à Aix-la-Chapelle, étant retardée de quelques jours, par la maladie de la grande duchesse sœur de S. M. l'empereur Alexandre, il me reste assez de loisir pour placer ici une page de souvenirs sur les deux congrès dont la même ville fut le rendez-vous dans les deux derniers siècles. Cette courte digression trouve naturellement sa place dans cette première lettre. Le récit du passé est presque toujours l'image du présent et la prévoyance de l'avenir; et c'est aussi de l'histoire que les Rois vont faire à Aix-la-Chapelle. Sachons donc comment d'autres Souverains en ont fait avant eux.

Louis XIV s'était rendu maître (en 1668) de la Flandre et de la Franche-Comté: l'Espagne céda; les Pays-Bas s'alarmèrent. On proposa la paix; Aix-la-Chapelle fut choisi d'un commun accord, pour rendez-vous du congrès, sous la médiation du pape Clément IX. Chaque cour y dépêcha ses plénipotentiaires; un nonce fut envoyé par la cour de Rome. Mais les négociations eurent lieu, dans le fait, à la cour de Louis, entre le Roi et Van Beuning, ambassadeur de Hollande. Celui-ci même acquit, dans cette occasion, sur le caractère et sur la puissance de Louis XIV, un ascendant remarquable, et les ministres signèrent à Aix-la-Chapelle ce qui fut en effet conclu à Saint-Germain: Ce traité ravit à la France la Franche-Comté, que venaient de lui donner des victoires aidées par la ruse; mais elle lui conserva la Flandre, plus franchement conquise.

L'histoire tiendra compte à Louis XIV tout-puissant, de la modération qu'il porta dans la négociation de cette paix demandée par lui-même, le lendemain d'une victoire. C'est à son petit-fils d'en recueillir les fruits. L'Europe doit cet hommage à la mémoire d'un grand Roi qui déploya, dans cette circonstance, toute la modé-ration qui sied si bien à la victoire, comme la France déploie aujourd'hui le noble courage d'une adversité glorieuse !

Environ un siècle après (en 1748), Louis XV s'avançant de succès en succès, jusqu'au cœur des Pays-Bas, renouvelait de ville en ville des propositions de paix, toujours repoussées, et qu'il appuyait quelques jours plus tard par de nouveaux triomphes. Ceux-ci forcèrent enfin d'accepter celles-là. On se réunit à Aix-la-Cha-pelle. Le Marquis de Saint-Severin, l'un des plénipotentiaires de France, commença par dé-clarer, dans ce congrès, qu'il venait accomplir les paroles de son maître, *qui voulait faire la paix, non en marchand, mais en Roi.* En effet, Louis XV ne demanda rien pour lui-même; mais il sut tout obtenir pour sa famille et pour ses alliés qui en retirèrent de grands avantages. De son côté, le roi de Prusse y gagna la Silésie; mais l'Angleterre n'obtint aucune indemnité de l'or qu'elle avait prodigué, selon sa coutume, partout où l'on avait à lui vendre du sang. L'histoire représente l'Europe divisée après la paix d'Aix-la-Chapelle, en deux grandes coalitions qui se ménageaient l'une l'autre, et qui soutenaient, chacune de son côté, cette balance, prétexte de guerres fréquentes, plutôt que garantie d'une paix durable. Mais cette double ligue offrait alors le singulier phénomène de l'Angleterre et de la Russie réunies dans un même camp. Toutes les puissances restèrent armées, et on espéra du repos, par la crainte même que semblaient inspirer l'un à l'autre ces deux partis qui tenaient un million d'hommes sous les armes. On se flatta donc qu'il n'y aurait de longtemps aucun agresseur parce que tous les États étaient armés pour se défendre. Voltaire ajoute qu'on se flattait en vain; l'évènement ne tarda pas à le prouver.

J'aurai sans doute occasion de vous communiquer quelques idées générales sur le principe de cette erreur qui pourrait bien être encore aujourd'hui celle de quelques hommes d'État; je veux dire l'opinion de la convenance d'un équilibre politique maintenu par l'entretien et la présence d'armées permanentes, comme si les duels n'étaient pas beaucoup plus fréquens dans les pays où les citoyens portent en tout temps une épée au côté. Mais cette discussion serait anticipée. Je la renvoie au moment où il s'agira de décider la destination et l'emploi des corps d'armée que l'évacuation de la France rendra prochainement à leurs souverains respectifs. Je me contente de vous faire remarquer la noble conduite de Louis XV au congrès de 1748, et je ne puis résister au mouvement d'amour propre patriotique que m'inspire la noble attitude de trois rois de France, au milieu de circonstances si diverses, qui procureront dans la postérité, une gloire différente, mais égale, à Louis XIV, à Louis XV, à Louis XVIII!

Nous voici ramenés à l'époque présente. Examinons-la dans tous ses rapports; envisageons la politique moderne sous tous ses points de vue. Mais avant de nous égarer dans des conjectures hasardeuses sur la véritable nature des discussions auxquelles le congrès pourra se livrer, arrêtons-nous prudemment à l'examen des notifications semi-officielles, déposées dans des journaux accrédités. Si ce n'est pas dans ce qu'on dit, c'est au moins dans ce qu'on ne dit pas qu'il faut souvent rechercher ce qu'on pense. Car c'est de la langue diplomatique surtout qu'il est permis de croire que *les mots ont été inventés pour déguiser la pensée.* J'en atteste le célèbre diplomate qui a puisé cette ingénieuse définition dans son expérience personnelle.

Il faut que l'on sache avant tout, que chaque gouvernement a fait choix d'un journal dans le-

quel les ministres des pays respectifs déposent les
doctrines officielles qu'il leur convient de promulguer, comme des lois ou des ordonnances.
Sans doute on ne donne pas à ces publications
le même caractère qui s'attache aux décrets lé-
gislatifs et aux édits royaux. Mais personne ne s'y
méprend, quand *l'Observateur autrichien*, le
Courrier de Londres, ou la *Gazette de Berlin* con-
tient quelque déclaration de fait, ou quelque
allusion prophétique, personne ne croit nécessaire, avant d'admettre ces insinuations, d'exiger
qu'elles soient revêtues de la signature de M. le
prince de Metternich, de lord Castlereagh, ou
du prince d'Hardemberg. On sait à quoi s'en
tenir. C'est ainsi qu'à certaines époques de
l'année, nous ne sommes pas en peine de nous
expliquer, en France, le langage du *Journal
des Maires*. Tout cela est convenu. Ne nous
montrons donc pas plus difficiles que les habi-
tans de Vienne, de Berlin, et de Londres. Il est
même rassurant de savoir, en cas de besoin,
que l'on peut trouver la pensée, à demi-secrète,
des gouvernans, dans les explications demi-offi-
cielles d'un journal. C'est un moyen de se parler,
si ce n'est pas toujours celui de s'entendre. Le
Journal de Francfort participe lui-même depuis quelque temps aux bienfaits de cette mis-
sion diplomatique. Cette digression préalable
était de toute nécessité; accoutumez-vous donc
à m'entendre citer, dans quelques occasions,

les quatre journaux dont je viens de vous parler comme, en d'autres termes, j'invoquerais le témoignage ou l'opinion de MM. de Metternich, d'Hardemberg, et Castlereagh.

Nous lisons donc dans le *Journal de Francfort*, sous la date du 21 juin, un article dont le style embarrassé semble suffisamment indiquer un caractère diplomatique, et d'après lequel il devait paraître certain que le congrès qui va s'ouvrir à Aix-la-Chapelle n'aurait eu d'autre objet que la discussion des motifs de convenance et des moyens d'exécution, relativement à l'évacuation du territoire français.

FRANCFORT, 21 juin.

« Le cinquième article du traité de Paris, du 20 no-
» vembre 1815, a fait prévoir qu'une nouvelle réunion
» des puissances qui ont conclu ce traité avec S. M. le
» roi de France, aurait lieu dans l'automne de l'année
» courante, en tant que, d'après la teneur dudit article,
» on devait examiner au bout de trois ans, si les motifs
» qui avaient fait résoudre alors l'occupation des provinces
» frontières de la France, pourraient ou non être consi-
» dérés comme encore existans.

» Ainsi, quoiqu'on puisse regarder comme connu d'a-
» vance le but de cette réunion, qui aura lieu en effet
» comme elle a été résolue, cependant les hautes puis-
» sances ont jugé à-propos de charger leurs légations
» accréditées à l'étranger, de déclarer que la réunion aura
» uniquement pour objet le but susdit; qu'ainsi elle n'aura
» lieu qu'entre les quatre puissances qui ont conclu avec
» la France le traité du 20 novembre, qu'elle se rappor-
» tera exclusivement à cette affaire, et qu'on ne s'y occu-

» pera point d'autres objets, qui, d'après leur nature et
» des traités différens qui en seraient la base, rendraient
» indispensable la coopération d'autres gouvernemens.

« C'est d'après cette donnée précise que l'on doit recti-
» fier plusieurs articles publiés dans différentes feuilles,
» d'autant plus qu'ils présentent le but de la réunion des
» monarques, sinon d'une manière opposée à la vérité,
» du moins pas avec l'exactitude et la simplicité que l'on
» doit mettre dans son énoncé; aussi les déclarations qui
» ont en réellement lieu de la part des agens diplomati-
» ques des quatre puissances, ne doivent, d'après des
» sources sûres, avoir été faites que de cette manière, et
» non d'aucune autre. »

Certes une telle déclaration n'aurait rien en
elle-même que de très-rassurant, je ne dis pas
pour les intérêts froissés qui se promettent un
appel aux souverains étrangers, mais pour l'indépendance des peuples qui ne verraient point,
sans inquiétude, remettre périodiquement en
question leurs destinées et leur existence politiques : incertitudes désastreuses qui ne contri-
buent que trop à entretenir dans l'esprit des
nations cette sourde effervescence, dont les
souverains sont des premiers à se plaindre, et
dont ils n'ont que trop raison de s'effrayer.
Toutefois, ne l'attribuons, pour être justes, qu'à
cette fatale mobilité qui préside depuis plusieurs
années aux affaires européennes, et devant qui
l'horizon diplomatique s'étend toujours sans
limites, mais non pas sans nuages. Tout semble
recommencer à chaque instant. Je ne sais quelle

utopie on poursuit en pensée. Mais la carte d'Europe, grâce à cette inconstance, change chaque année de divisions, comme si les mœurs propres à chaque nation pouvaient s'amalgamer ou se diviser aussi facilement qu'on sépare ou qu'on rapproche, sur une carte de géographie, des fleuves et des montagnes. Sous ce rapport, la publication semi-officielle que je viens de vous signaler offrait des garanties que toutes les nations réclament. On voyait un terme à des transactions toujours renouvelées ou modifiées de congrès en congrès. Les rois et les peuples paraissaient s'appartenir les uns aux autres, sans retour, sans arrière-pensée. On puisait même des motifs de confiance dans l'annonce d'une décision solennelle, émanée des souverains qui voulaient rendre la France à Louis XVIII, après avoir rendu Louis XVIII à la France. Dès-lors on repoussait avec une généreuse incrédulité toutes les menaces, toutes les promesses que se faisaient des passions, résolues d'entraîner dans leurs intérêts privés l'opinion et l'autorité des souverains qu'elles invoquaient. Le congrès d'Aix-la-Chapelle n'était plus qu'un rendez-vous de rois, *un Camp de drap d'or*, où la diplomatie ne mettrait en jeu que l'élégance de son étiquette et le luxe de sa représentation; et d'où les souverains, après avoir donné le signal du départ de leurs troupes, viendraient goûter les plaisirs de la capitale de la France, devenue réellement par l'évacuation, l'alliée de leurs peuples.

Telles étaient les conjectures nées des insinuations semi-officielles de la *Gazette de Francfort*, lorsqu'un autre journal, non moins authentique, le *Courrier anglais*, est venu déranger ces calculs par des demi-confidences sur les opérations probables du congrès d'Aix-la-Chapelle, confidences par lesquelles, sans le vouloir, on révèle aux nations, dans un langage de paix, tous les élémens de guerre dont l'Europe est semée. L'importance de cet article, qui peut être regardé comme un *programme du congrès*, exige que je le transcrive en entier, quelle que soit son étendue. J'aurai trop de sujet d'en discuter par la suite les énonciations, pour ne pas les produire dans tous leurs détails.

Je cite donc :

« La baisse des fonds publics, occasionnée par les
» ventes qu'ont faites quelques banquiers de province,
» a fourni une belle carrière à l'activité des agioteurs,
» divisés comme on sait en deux partis, les *bulls* et les
» *bears* (les taureaux et les ours). Les derniers, qui jouent
» à la baisse, ont fait courir avec succès les bruits les plus
» dénués de fondement. Tantôt c'est une guerre entre
» l'Angleterre et les États - Unis; c'est l'amiral Borlase
» Waren qui prend le commandement d'une escadre :
» on presse des matelots sur tous les points. Tantôt c'est
» une rupture décidée entre le Portugal et l'Espagne,
» dans laquelle les grandes puissances pourront être im-
» pliquées; enfin le congrès d'Aix-la-Chapelle n'a pas été
» oublié : on a imaginé des plans de conquête, des par-

» tages de plusieurs États d'Allemagne, et d'autres ab-
» surdités. Tout cela ne laisse pas que de faire de l'im-
» pression sur les faibles esprits de quelques capitalistes.
» Comme la nouvelle la plus absurde peut produire de
» mauvais effets, nous déclarons qu'à aucune époque la
» tranquillité du monde ne fut moins menacée d'être
» troublée qu'au moment où nous sommes.

» Examinons en détail ces bruits de guerre. D'abord, à
» l'égard des États-Unis, nous osons dire que, d'après
» tous les renseignemens parvenus au gouvernement, il
» n'y a jamais eu d'époque, depuis la paix de Gand, où il
» y eût moins de probabilité d'une rupture entre l'An-
» gleterre et les États-Unis. La correspondance diploma-
» tique entre les deux gouvernemens est sur le ton le
» plus amical et le plus *cordial*. Autant que la pré-
» voyance humaine peut pénétrer les secrets de l'avenir,
» les dispositions bienveillantes entre les deux nations
» garantissent la longue durée de la paix. D'après cette
» déclaration positive, nous avons à peine besoin d'a-
» jouter que les insinuations faites dans le *Morning-
» Chronicle*, par des personnes *qui vendent leurs fonds*,
» sont dénuées de tout fondement.

» A l'égard de l'Espagne et du Portugal, il est vrai que
» leurs discussions ne sont pas encore terminées. Il se
» peut que le Portugal persiste à ne pas restituer Monte-
» Vidéo sur le motif que l'Espagne n'a pas actuellement
» les moyens de défendre cette place contre les insurgés;
» et que, si les derniers s'en emparaient, ils mettraient
» en danger le territoire portugais dans cette partie du
» continent américain. Peut-être aussi le Portugal op-
» pose-t-il à cette réclamation de l'Espagne d'autres
» réclamations semblables. Mais, ce qui est certain, c'est
» que ces discussions n'amèneront aucune rupture. Sans
» nous expliquer davantage, nous pouvons affirmer que
» ces deux puissances ne se feront point la guerre, en

» opposition à la volonté formellement énoncée de qua-
» tre grandes puissances alliées *dont la politique veut
» décidément que la paix de l'Europe ne soit pas
» troublée.*

» Cette assertion, que l'on n'oserait contredire, suffit
» pour faire apprécier les bruits d'après lesquels le con-
» grès d'Aix-la-Chapelle serait le foyer de guerres nou-
» velles, au lieu de servir à affermir et à consolider la
» paix. Mais nous aimons à nous expliquer plus en dé-
» tail sur ce point. Lorsque le congrès de Vienne, troublé
» par le retour de Buonaparte, se sépara, *il resta beau-
» coup de questions à résoudre.* Il était cependant peu
» convenable de réunir un nouveau congrès, avant que
» les réclamations pécuniaires des puissances envers la
» France ne fussent liquidées ou du moins garanties, et
» avant que la tranquillité intérieure de la France ne fût
» rétablie au point de rendre désormais superflue l'oc-
» cupation militaire d'une partie du territoire. Cette
» époque, *assure-t-on*, est arrivée, selon l'opinion des
» puissances alliées, et l'évacuation doit avoir lieu avant
» le commencement du mois de novembre. Alors la
» France, *partie si nécessaire et si importante dans
» toutes les négociations qui ont pour objet toute la
» famille des nations européennes,* pourra assister au
» congrès dans une attitude plus libre et plus noble que
» si le congrès eût été tenu pendant l'intervalle de temps
» écoulé depuis le traité du 20 novembre.

» S'il nous est permis de hasarder quelques conjectures
» sur les principaux objets des honorables travaux du
» congrès, nous dirons qu'on doit mettre au premier
» rang *la situation des États d'Allemagne* qui, dégagés
» de leurs anciens nœuds, n'ont pas encore pu consoli-
» der leurs nouvelles liaisons. Ce sera un travail difficile
» et délicat; mais tous les obstacles céderont à la convic-
» tion universelle où l'on est, que le congrès, loin de

» toute vue intéressée, n'a d'autre désir que celui de ci-
» menter et d'affermir la paix générale. Il est, *en outre,*
» *quelques questions de limites territoriales qui doi-*
» *vent être décidées*, à ce que nous croyons, entre *la*
» *Bavière, le Wurtemberg, Bade* et *la Hesse.*

   » *Les différends entre l'Espagne et le Portugal y se-*
» ront discutés et terminés. *La situation relative de*
» *diverses communions religieuses*, et entr'autres *celle*
» *des Juifs en Allemagne,* sera un autre point à discu-
» ter. Enfin, il se peut que le Congrès prenne en consi-
» dération *les établissemens militaires qui devront être*
» *conservés par chaque puissance.*

   » Il est possible qu'il y ait encore *d'autres points de*
» *discussion* d'une moindre importance; mais ce que
» nous en avons dit suffit pour faire voir que le but du
» Congrès est la paix et non pas la guerre, la consolida-
» tion et non pas l'agression, et qu'à aucune époque les na-
» tions continentales ne furent plus assurées d'une longue
» et heureuse tranquillité. Laquelle, parmi les cinq grandes
» puissances de l'Europe, aurait aujourd'hui intérêt à
» commencer une guerre? Est-ce la Russie? Mais qu'elle
» extension de territoire pourrait désirer un souverain,
» *dans les États duquel le soleil ne se couche jamais?*
» La Russie, dit-on, *désire s'étendre en Allemagne.*
» Comment croire à une semblable absurdité? Quelques
» lieues carrées de terrain vaudraient-elles la peine de
» blesser les intérêts combinés de la Prusse et de l'Au-
» triche? *L'empereur Alexandre voudra exécuter les pro-*
» *jets supposés de sa grand'mère contre les Turcs.* Mais
» quelle démarche de sa part nous autorise à lui supposer
» des vues semblables? De quoi s'occupe-t-il? de répandre
» les lumières de la civilisation parmi ses peuples nom-
» breux. Le caractère d'Alexandre est naturellement paci-
» fique, et il n'a pris les armes que lorsqu'une injuste
» agression lui en a fait un devoir sacré.

» La Prusse a tant d'affaires intérieures à arranger, tant
» de plaies à guérir, qu'elle ne peut que désirer une
» tranquillité absolue au dehors. L'Europe entière, inté-
» ressée à la prospérité de cet État, lui souhaite un long
» repos au dehors comme au dedans, malgré ses philo-
» sophes et ses brocanteurs de constitutions. (*Constitu-*
» *tion-Mongers*).

» L'Autriche, cet empire vraiment noble et vertueux,
» cet empire qui, dans l'adversité, a montré un attache-
» ment si touchant à son souverain, est si contente d'avoir
» regagné toute son ancienne prééminence par la reprise
» de l'Italie et du Tyrol, que certainement la seule pensée
» d'une guerre d'agression paraîtrait absurde à un Autri-
» chien. L'empereur François n'est occupé que des moyens
» d'améliorer l'état de l'agriculture et du commerce. S'il
» est un souverain dont la loyauté personnelle puisse
» garantir la tranquillité des autres États, c'est assuré-
» ment l'empereur d'Autriche.

» Quelques personnes affectent de craindre la France.
» *Cette nation*, disent-ils, *voudrait regagner la pré-*
» *pondérance peu naturelle qu'elle avait acquise sous*
» *Buonaparte*. C'est manquer tout-à-fait de discerne-
» ment politique, que de confondre les intérêts naturels
» de la France avec les intérêts d'un usurpateur tel que
» Buonaparte. Sans doute cet homme extraordinaire, re-
» connaissant lui-même combien ses titres à la souve-
» raineté étaient nuls, avait raison d'entraîner les Fran-
» çais dans une suite de guerres et de conquêtes qui,
» en absorbant leur attention, ne leur laissât pas le temps
» de réfléchir sur l'état intérieur de leur pays. Il avait
» besoin de couvrir l'illégitimité de son pouvoir par l'é-
» clat de ses triomphes. Maintenant la France est rentrée
» dans sa position naturelle; la dynastie légitime est re-
» placée sur le trône, et à côté de ce trône existe le
» pouvoir de la représentation nationale dans les deux

» Chambres. Un semblable gouvernement n'a plus au-
» cun motif pour vouloir attaquer ses voisins. Qu'on ne
» nous dise pas que l'esprit révolutionnaire menace en-
» core de s'emparer de la France ! Les explosions isolées
» qui ont eu lieu ne sont que des circonstances insépa-
» rables du passage subit d'un état forcé à une situation
» naturelle.

» Mais la Grande-Bretagne ! — Avons-nous besoin d'ap-
» prendre à nos compatriotes que la Grande-Bretagne
» est intéressée plus que toute autre puissance au main-
» tien de la paix ? La prospérité de l'Europe est notre pros-
» périté ; on doit croire que nous n'avons pas envie de
» diminuer nous-mêmes les sources de notre richesse. Les
» guerres si longues et si opiniâtres que nous venons de
» soutenir ne prouvent rien contre notre caractère, comme
» nation amie de la paix ; il doit être démontré aux yeux
» de l'Europe que notre sûreté et notre honneur nous for-
» cèrent à prendre les armes.

» Si donc les cinq grandes puissances de l'Europe sont
» essentiellement intéressées au maintien de la paix, est-
» il besoin de prouver que les autres États du second et
» du troisième rang ne peuvent causer aucune inquié-
» tude ? Nous le répétons : la paix de l'Europe est assurée. »

Vous me ferez observer que cet article est
certes beaucoup plus rassurant que l'autre, et
que l'abbé de Saint-Pierre, premier ministre
de quelque congrès, n'aurait pas mieux écrit.
Pour moi, j'y remarque au moins l'inconvé-
nient que je vous signalais tout-à-l'heure, de
remettre sans cesse en discussion les destinées
européennes ; j'y vois que *le congrès de Vienne
a laissé beaucoup de questions à résoudre* ; on
y parle *de fixer les limites territoriales de plu-*

sieurs États *d'Allemagne*; la situation des *Juifs* en *Allemagne* sera examinée ; on fixera les établissemens militaires de chaque puissance. *D'autres insinuations* font entrevoir des discussions *plus graves encore;* en voilà bien assez, je pense, pour démentir le *Journal de Francfort*, et pour autoriser des conjectures. Je cherche dès-lors, et je crois trouver une explication plus simple et plus vraisemblable de la première publication.

Il paraîtrait que dès le mois de juin, les ministres des grandes puissances, effrayés du nombre de voyageurs dont les gazettes annonçaient l'arrivée à Aix-la-Chapelle, conçurent le projet d'éloigner des solliciteurs importuns, ou d'incommodes réclamations, par un avis plus ou moins authentique dont la publicité semi-officielle leur procurerait d'abord l'avantage qu'ils en espéraient, d'être débarrassés de ces importunités, et leur réserverait plus tard la ressource de démentir cet avis, qui n'était point revêtu des formes authentiques de la diplomatie. Mais le premier n'a détruit aucune espérance, ni le second aucune crainte. C'est l'effet ordinaire des explications qui manquent de franchise. On n'est plus dupe d'un journal.

Si j'osais donc (rassuré par le *Courrier* contre *le Journal de Francfort*), prévoir quelles questions pourront s'élever dans le congrès d'Aix-la-Chapelle, je me permettrais d'en indiquer et d'en diviser ainsi la série presque inévitable.

Les questions diplomatiques s'enchaînent, autant par la rencontre des personnages, chargés respectivement de missions diverses, que par l'effet de l'alliance qui confond les intérêts des souverains et des peuples dans une solidarité commune. La première, celle de l'évacuation de la France, en embrasse seule plusieurs. La discussion des autres naîtra sans doute du concours des circonstances, des hommes et des événemens.

I.

L'évacuation de la France, sous le double rapport des conditions financières et morales, énoncées par l'art. 5 du traité du 20 novembre 1815, et la détermination des moyens d'emploi de l'armée d'occupation.

(L'acquittement des tributs et la paix intérieure de la France sont les deux garanties exigées. Le vote silencieux et patriotique des vingt-quatre millions a tranché la première question. Quant à la seconde, il s'agit de dévoiler l'intrigue qui a dicté les impostures de la *Note secrète*, et les manœuvres qui tendaient sur quelques points de la France à produire une agitation factice.)

II.

La confirmation de la Sainte-Alliance, dans son objet politique, et l'examen de la convenance d'une coalition armée, comme garantie des pouvoirs monarchiques et des dynasties reconnues, contre les progrès de l'esprit démocratique, et les tentatives d'usurpation des compétiteurs de chaque couronne.

(Une coalition suppose une armée : où sera le camp européen ?)

III.

L'appréciation des délais convenables ou possibles dans la concession, réclamée par quelques peuples, de constitutions promises en d'autres temps.

(Cette question concerne particulièrement la Prusse. C'est à Aix-la-Chapelle que le congrès a lieu. De nombreuses pétitions sont déjà préparées, et l'on y atteste les vues généreuses de l'empereur Alexandre).

IV.

L'organisation politique et militaire de la Confédération Germanique, et l'aveu de la suprématie d'une des puissances qui la composent, avec privilège de donner un président à la diète, et un général à l'armée fédérative.

(Les opérations de la diète de Francfort seront en grande partie évoquées au congrès. L'Autriche et la Prusse s'y disputeront le protectorat).

V.

La conclusion des différends élevés entre la Bavière et le grand duché de Baden.

(Cette question ne sera pas peu compliquée

,sans doute par l'exemple des événemens dont la Suède vient d'être le théâtre.)

VI.

Au milieu des discussions relatives aux affaires d'Allemagne, se présentera naturellement celle du droit d'asile, à l'égard des exilés des autres pays ; discussion tardive, mais qu'il n'est plus possible d'éluder, au moment ou trente-huit exilés français, forcés de refluer au-delà du Rhin, ne peuvent trouver, au moins pour chacun, une retraite isolée dans les trente-huit états dont se compose l'empire Germanique.

(La pétition de M. Regnault de Saint-Jean-d'Angely éveillera cette discussion).

VII.

La médiation entre les cours de Madrid et de Rio-Janeiro, au sujet des affaires de l'Amérique du Sud.

(Les opérations en ont été suivies jusqu'à présent par S. G. M. le duc de Wellington qui aura sans doute occasion d'en référer au Congrès des souverains.)

VIII.

Celle, non moins urgente, mais moins efficace peut-être, des souverains d'Europe, entre l'Espagne et ses Colonies : question qui acquiert un intérêt universel, sous le rapport du commerce des deux mondes, et de la ré-

volution que l'indépendance américaine pro-
duirait dans le système colonial.

(L'Espagne elle-même a provoqué par une
note, cette intervention. La France y prendra
sans doute un double intérêt, celui de son alliance avec l'Espagne, et celui de ses prétentions
sur St-Domingue. Les indépendans de Buénos-
Ayres envoyent des agens à Aix-la-Chapelle).

IX.

L'examen des prétentions élevées au sujet
des Florides, et l'adoption prompte de moyens
propres à prévenir une rupture entre l'Angleterre et les États-Unis.

(Cette question se rattache à la précédente par
des liens trop étroits pour ne pas entrer à sa
suite dans les conférences diplomatiques).

X.

La position personnelle du prisonnier de
Ste-Hélène, la valeur des réclamations faites en
sa faveur, et la prévoyance des événemens dans
lesquels il pourrait se trouver compromis par
l'effet d'une rupture entre les États-Unis et la
Grande-Bretagne.

(Des réclamations sont, dit-on, préparées sur
le sort de ce prisonnier. D'un autre côté, il ne
faut point prendre trop au sérieux les exagéra-
tions des journaux anglais, même ministériels,
sur le traitement qu'éprouve Bonaparte. C'est
une précaution oratoire contre tout événement).

XI.

Les affaires de l'Inde et celles de la Perse.

(Sans doute elles ne seront pas l'objet d'une discussion speciale. Mais on peut croire, d'après les bruits de mesures prises par la Russie, du côté de la Perse, qu'il en transpirera quelque chose dans les relations plus particulières des ministres de Russie et d'Angleterre).

XII.

Les moyens de répression, pour l'avenir, des excès renouvelés par les gouvernemens barbaresques.

L'existence politique de la Turquie d'Europe, comparée à la civilisation de tous les peuples du continent, intéressés dans la Sainte-Alliance.

(On peut s'en rapporter à Sir Sydney-Smith, du soin d'élever cette première question, déjà traitée au congrès de Vienne, mais sans décision. La seconde y est intimement liée).

XIII.

La multiplicité des divisions politiques du territoire de l'Italie, comparée avec l'*unité* d'esprit et de mœurs qui semble appartenir à toute la population de cette péninsule.

(Les progrès des *unitaires* ou indépendans italiens méritent l'attention sérieuse des souverains).

XIV.

L'influence de la cour de Rome, l'autorité des bulles, celle des concordats, enfin les droits spirituels de l'église, dans leurs rapports avec les droits temporels des monarques constitutionnels et les libertés nationales des peuples représentés.

La situation des diverses communions religieuses, et celle des Juifs en Allemagne.

(L'insuffisance des bulles obtenues par la cour d'Espagne, et qui laissent crouler le système de M. Garay, le scandale occasionné par quelques concordats, la contrariété de l'influence de Rome avec l'esprit constitutionnel des peuples et des gouvernemens d'Europe, toutes ces considérations se rattachent à plusieurs des questions qui précèdent; ajoutons-y la situation des protestans en France, la renaissance de l'inquisition en Espagne, et les réclamations de l'ordre de Malthe).

XV.

L'amalgame des peuples de la Hollande et de la Belgique, dernière question qui ramène et qui se rattache à la première.

(L'armée d'occupation suppléait une ligne de forteresses que l'esprit du peuple belge rendait nécessaire contre la France. On en a élevé derrière elle, mais si mal construites, qu'elles croulent à mesure. L'armée se retire. Il faut au moins chercher des compensations ou fixer des garanties).

Cette première lettre n'a presque d'autre objet que de signaler une petite ruse diplomatique qu'on doit regretter de voir mettre en usage dans des circonstances aussi graves, et dans l'état actuel de la civilisation. L'alliance des Rois, et la fraternité des Peuples sembleraient devoir exclure, de part et d'autre, de petits calculs qu'on sait toujours réduire à leur juste valeur, et de profondes combinaisons que la force des choses déjouerait tôt ou tard. Au point où l'Europe en est venue, quand les Rois proclament de grands principes d'humanité, quand tous les peuples recouvrent leurs droits naturels par la concession inévitable de constitutions, la diplomatie et ses artifices doivent peut-être céder la place à la saine politique, qui n'est, dans les rapports absolus, que le droit des gens, et dans les rapports relatifs, que l'intérêt bien entendu de chaque nation : la bonne foi devient donc aujourd'hui le plus sûr machiavélisme, car personne ne s'y attend encore, quoique tout le monde doive être bientôt forcé d'y revenir. Espérons qu'elle présidera au conseil qui va s'assembler ; c'est la seule puissance qui domine, sur terre, celle des Rois ! car elle inspire et soutient l'opinion publique.

Après ce vœu si naturel, un autre reste à faire, celui de voir enfin clore les protocoles diplomatiques, et les peuples, comme les souverains d'Europe, rendus à la jouissance paisible des avantages d'une double concession sur laquelle repose l'équilibre moral des trônes et des nations, je veux dire la légitimité reconnue par les sujets, en échange du gouvernement représentatif concédé par les princes. Bonaparte avait livré les destinées européennes au hasard des armes : en détrônant l'arbitraire avec l'usurpation, la légitimité reparaît avec la justice, et le hasard des conventions secrètes remplacerait mal celui des victoires. La plume des diplomates n'est pas un moyen d'appel plus légitime ni plus noble surtout que l'épée des conquérans. Puisse ce dernier congrès fixer irrévocablement les droits des nations et des couronnes, sans les livrer pour l'avenir, au péril des discussions et aux incertitudes de la diplomatie !

Je m'aperçois que cette lettre passe les bornes que je me suis prescrites. Elle présente d'ailleurs un texte assez fécond de méditations et de conjectures dans lesquelles je vais me recueillir, en me proposant d'examiner, une à une, dans les lettres suivantes, toutes les questions indiquées ici, et dont chacune fournirait au moins un volume, à des écrivains mieux inspirés. Une seule, celle de l'évacuation, exigera de ma part de plus longs développemens de faits et de considérations ; je vais m'y consacrer d'abord : c'est à l'indépendance de ma patrie que j'offrirai le premier tribut de mes réflexions et de mes vœux.

Je suis, etc.

B.

P. S. M. Bignon vient de publier un écrit fort remarquable sur les différends de Bade et de Bavière. J'aurai occasion d'y revenir dans la lettre consacrée à cette matière. — Un article du journal de Francfort met en avant quelques insinuations sur la Turquie d'Europe. — Toutes les gazettes ont pnblié la *note* remise aux puissances par la cour de Madrid, au sujet de ses colonies. — Le grand Duc de Baden, s'apercevant peut-être que le Roi de Bavière avait sur lui, dans l'opinion, l'avantage d'avoir donné une constitution à ses peuples, vient de promulguer celle qu'il avait promise. Il est rassurant de voir les Souverains, jaloux d'entraîner dans leur cause la faveur de l'opinion publique. — Vous avez vu dans les journaux le manifeste des Etats-Unis sur l'occupation des Florides. — On s'amuse beaucoup à Aix-la-Chapelle de la folie d'un riche propriétaire de Verviers, qui, seulement âgé de 5o ans, sans femme, sans enfans, possesseur de quatre millions de fortune, s'est brûlé la cervelle en sortant de chez son notaire, où il venait de signer un testament sans réserve en faveur de Napoléon Bonaparte et de ses héritiers. On trouve au moins bien singulier l'empressement qu'il a mis d'épargner à ses légataires l'ennui d'attendre l'héritage. — Des écrivains allemands ont indiqué le moyen qui leur semblait fort naturel, pour éviter toute discussion, de diviser l'Allemagne en deux protectorats, celui d'Autriche et celui de Prusse. Serait-ce donc l'Allemagne fédérative ? Je ne le crois pas. — Quelques bastions de fortifications élevées depuis un an sur la ligne des Pays-Bas et des possessions prussiennes viennent de crouler ; le rapprochement de ces faits justifie en grande partie les conjectures que je hasarde dans cette lettre sur les opérations présumables du congrès. — Je m'attendais avec vous, après la hausse considérable des fonds pendant le mois dernier, à voir s'opérer une baisse qui ne prouverait rien, dans tous les cas, contre la confiance publique, seul mobile de la hausse. Les opérations de quelques banquiers, parmi lesquels on nomme M. de Rotschildt, viennent d'occasionner ce mouvement. Pour vous donner une idée des moyens mis en usage, dans ce but, je vous dirai qu'un des acheteurs les plus empressés, à la bourse du 5 de ce mois, fut apostrophé publiquement en ces termes par un vendeur désabusé : — « Monsieur, vous venez d'annoncer à plusieurs personnes, qu'un grand fonctionnaire vous avait assuré que les étrangers ne partiraient pas. — Mais, Monsieur.... — Cela est faux, Monsieur, on ne vous a pas fait de pareille confidence. Je connais le fonctionnaire dont il vous a plu d'invoquer le nom ; il m'a tenu ce matin même un tout autre langage. — Vous voyez par cet épisode qu'il n'y a pas besoin d'être *ultra* pour souhaiter que les étrangers restent ; il suffit d'avoir besoin d'acheter de la rente ». — M. le duc de Richelieu partira le 12 septembre pour Aix-la-Chapelle, accompagné de M. de Rayneval, conseiller d'état, et de M. Bourjot, chef de division au ministère des relations extérieures. On désigne aussi MM. Mounier et G. de Caraman, comme devant faire partie de l'ambassade française. — M. Pozzo di Borgo, ambassadeur de Russie près la cour de France, est appelé par son souverain près de sa personne au congrès. Vous savez quels sentimens animent M. le lieutenant-général Pozzo di Borgo en faveur de la France. — On annonce aussi l'arrivée à Aix-la-Chapelle d'un chargé d'affaires des indépendans de l'Amérique du sud; d'un ambassadeur de l'ancien roi d'Espagne Charles IV; d'un député des États-Unis, et de plusieurs émissaires des auteurs de la *Note secrète*.

www.ingramcontent.com/pod-product-compliance
Lightning Source LLC
Chambersburg PA
CBHW051345060726
47596CB00004B/1778